8° F Pièce 3355

QUESTIONS
DE DROIT COLONIAL

13 MAI 1901
No
15
1901

LE NOUVEAU RÉGIME FINANCIER DES COLONIES FRANÇAISES

ET LES

POUVOIRS DES CONSEILS GÉNÉRAUX

LES DÉPENSES FACULTATIVES DES COLONIES

(Note sur l'article 33 de la loi de finances du 1er avril 1900)

PAR

D. PENANT
Directeur-fondateur du *Recueil général de Jurisprudence, de Doctrine et de Législation coloniale,*
Membre de la Commission permanente du Conseil supérieur des Colonies.

RF BIBLIOTHÈQUE NATIONALE

PARIS
A L'ADMINISTRATION DU RECUEIL GÉNÉRAL
DE JURISPRUDENCE, DE DOCTRINE ET DE LÉGISLATION COLONIALE
LA TRIBUNE DES COLONIES ET DES PROTECTORATS
114, Rue de Provence

1901

LE NOUVEAU RÉGIME FINANCIER

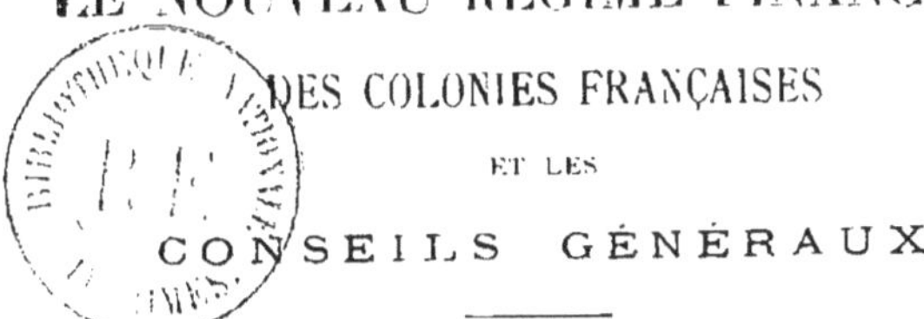

DES COLONIES FRANÇAISES

ET LES

CONSEILS GÉNÉRAUX

LES DÉPENSES FACULTATIVES DES COLONIES

Pièce
8° F
3355

Lk9
*

QUESTIONS

DE DROIT COLONIAL

LE
NOUVEAU RÉGIME FINANCIER
DES COLONIES FRANÇAISES
ET LES
POUVOIRS DES CONSEILS GÉNÉRAUX

BIBLIOTHÈQUE NATIONALE R.F. IMPRIMÉS

LES DÉPENSES FACULTATIVES
DES COLONIES

(Note sur l'article 33 de la loi de finances du 1er avril 1900)

PAR

D. PENANT

Directeur-fondateur du *Recueil général de Jurisprudence, de Doctrine et de Législation coloniale,*
Membre de la Commission permanente du Conseil supérieur des Colonies.

PARIS

A L'ADMINISTRATION DU RECUEIL GÉNÉRAL
DE JURISPRUDENCE, DE DOCTRINE ET DE LÉGISLATION COLONIALE
LA TRIBUNE DES COLONIES ET DES PROTECTORATS
114, Rue de Provence

1901

LE NOUVEAU RÉGIME FINANCIER
DES COLONIES FRANÇAISES
ET LES
POUVOIRS DES CONSEILS GÉNÉRAUX[1]

Les Dépenses facultatives des Colonies.

(Note sur l'art. 33 de la loi de finances du 1er avril 1900).

A l'heure où le domaine colonial de la France avait atteint la merveilleuse expansion qu'a marquée la fin du XIXe siècle, on était certainement en droit d'espérer que l'administration chargée de ses destinées eut acquis une suffisante expérience pour doter enfin nos possessions d'outre-mer, sinon de cette « Charte Coloniale » que, dans la séance de la Chambre des Députés du 11 décembre 1899, M. le Ministre de Colonies considérait un peu comme impossible à édifier, tout au moins de réformes « qu'appelle le développement colonial », mais de réformes s'inspirant des aspirations et des besoins respectifs des colonies, si différentes les unes des autres sous de multiples aspects.

Ces réformes, les hommes, qui, depuis dix ans, ont bien voulu écrire dans le Recueil général de Jurisprudence Coloniale « *La Tribune des Colonies et des Protectorats* », les demandent avec nous; nos savants et distingués collaborateurs n'ont cessé avec nous d'y signaler combien était défectueuse notre législation coloniale. Soit dans les notes sous les décisions judiciaires, soit dans des études spéciales de Doctrine, nous y avons les uns et les autres précisé les points spéciaux où, sans qu'il fut besoin de recourir à une « Charte Coloniale », il eut été possible d'apporter immédiatement remède au mal. Que de fois n'a-t-on pas, dans ce Recueil, en s'adressant à sa sagesse, signalé à l'administration coloniale une défectuosité à corriger, une amélioration à apporter, une formalité à remplir qui couvrirait un vice législatif. Nous ne faisions en cela que suivre le programme qui a présidé à la création de ce Recueil.

D'autres, nombreux depuis, nous ont suivi dans ces revendications et partout aujourd'hui, dans le monde colonial, un besoin latent, mais puissant, se fait sentir; il devient si pressant que l'administration éprouve l'impérieuse nécessité de donner quelques satisfactions à l'opinion.

Mais hésitante, subissant comme d'ordinaire les influences intestines, négligeant les sources où elle trouverait des guides expérimentés et indépendants,

(1) Etude extraite du Recueil général de Jurisprudence, de Doctrine et de Législation coloniale, *La Tribune des Colonies et des Protectorats*, fascicule du 1er mars 1901.

elle aborde le problème par toute autre face que les principales, celles dont la solution répandrait commodément la lumière sur les autres et confie l'étude préliminaire de la question sur laquelle se pose exclusivement son attention aux membres d'une Commission administrative qui n'étaient peut-être pas tous suffisamment préparés à la mission qui leur était confiée et qu'ils allaient remplir, sans consulter ni les représentants attitrés des colonies, ni les personnes qualifiées par leurs études spéciales, sans se livrer à une enquête approfondie sur les mesures qu'elle allait proposer.

Ceux près de qui les ministres vont ordinairement puiser les bases de leurs convictions avaient déclaré qu'avant tout il importait de mettre ordre au « gaspillage » des ressources des colonies, aux « folles dépenses » auxquelles se livraient les Conseils généraux des colonies, imposant sans compter à la Métropole par leur prodigalité des sacrifices que les contribuables ne pourraient supporter plus longtemps ; cela dit, il fut décidé au Ministère des Colonies qu'il était temps d'entrer dans la voie d'une réforme financière, en mettant à la charge des colonies les dépenses comprises jusqu'alors au budget de l'État : le régime financier colonial, tel qu'il résultait hier encore tant du Sénatus-Consulte du 18 juillet 1866 que du décret du 20 novembre 1882, qui tout en se réclamant expressément de ce Sénatus-Consulte avait décidé que ses dispositions s'appliqueraient à toutes les Colonies, sauf à la Cochinchine, — ce régime financier avait vécu. De nouvelles dispositions allaient être soumises au Parlement, fruit du travail de cette Commission dont nous venons de parler, qui a été obligée de reconnaître « que la matière « traitée était singulièrement délicate et qu'une étude sur place dans chacune des « Colonies intéressées, en lui permettant de se rendre un compte plus exact « de l'organisation et du fonctionnement des services, des ressources et des « besoins des populations, aurait donné à ses conclusions plus de précision et « d'autorité. » Que n'a-t-on ainsi agi ? Le nouveau régime aurait été tout autrement conçu.

Renversant donc, sans documentation sérieuse, toute l'économie de l'ancien système financier, le projet de cette Commission se résuma en trois formules, dominées par deux idées principales : la première, qu'elle caractérise par une expression d'une justesse très discutable : « l'autonomie financière des Colonies », mettant à leur charge toutes les dépenses civiles et celles de la gendarmerie, faisant ainsi disparaître la catégorie des dépenses dites de souveraineté ; la deuxième qu'elle traduit par la restriction des pouvoirs des Conseils généraux des colonies, même de celles dont la réglementation remontait au Sénatus-Consulte du 3 mai 1854, nous disons des Antilles et de la Réunion.

Voici ces formules :

I. — « Toutes les dépenses civiles et de la gendarmerie sont supportées en principe par le budget des colonies.

« Des subventions peuvent être accordées aux colonies sur le budget de l'État.

« Des contingents peuvent être imposés à chaque colonie jusqu'à concurrence du montant des dépenses militaires qui y sont effectuées. »

II. — « Les dépenses inscrites aux budgets des Colonies pourvues de Conseils généraux sont divisées en dépenses obligatoires et en dépenses facultatives.

« La nomenclature et le maximum des dépenses obligatoires sont fixées pour chaque colonie par décret en Conseil d'État.

« Le montant des dépenses obligatoires est fixé, s'il y a lieu, par l'administration.

« Il n'est pas dérogé aux règles actuelles en ce qui concerne les dépenses facultatives. »

III. — « Les Conseils généraux des colonies délibèrent sur le mode d'assiette et les règles de perception des contributions et taxes autres que les droits de douane qui restent soumis aux dispositions de la loi du 11 janvier 1892.

« Ces délibérations sont approuvées par des décrets en Conseil d'Etat qui fixent un tarif maximum des contributions et taxes.

« Dans les limites de ce maximum les Conseils généraux statuent sur les tarifs.

« Les tarifs actuels des taxes seront considérés comme des maxima si un décret en Conseil d'Etat, rendu après avis du Conseil général, n'intervient pas pour en modifier le taux. »

Modifiant profondément les Sénatus-Consulte de 1854 et de 1866, les dispositions de ce projet ne pouvaient devenir définitives qu'en faisant l'objet d'une loi. La discussion en a donc été jointe à la loi de finances du 1er avril 1900.

Après de longs débats, où les protestations les plus documentées se sont produites, non seulement à la Chambre, mais encore au Sénat, protestations dont l'écho a encore retenti dans la discussion du budget de 1901, ce projet a fait place à des dispositions législatives non seulement conformes à son esprit, mais plus empreintes encore de rigorisme et de défiance vis-à-vis des assemblées locales.

Ces dispositions forment l'art. 33 de la loi de finance de 1900, ainsi conçu :

« Art. 33. — Le régime financier des colonies est modifié à partir du 1er janvier 1901, conformément aux dispositions suivantes :

« § 1er. — Toutes les dépenses civiles et de la gendarmerie sont supportées en principe par les budgets des colonies.

« Des subventions peuvent être accordées aux colonies sur le budget de l'Etat.

« Des contingents peuvent être imposés à chaque colonie jusqu'à concurrence du montant des dépenses militaires qui y sont effectuées.

« § 2. — Les dépenses inscrites au budget des colonies pourvues de Conseils généraux sont divisées en dépenses obligatoires et en dépenses facultatives.

« Dans les colonies d'Océanie et des continents d'Afrique et d'Asie, les dépenses obligatoires ne peuvent se rapporter que :

« 1° Aux dettes exigibles ;

« 2° Au minimum du traitement du personnel des secrétariats généraux. Ce minimum est fixé par décret ;

« Aux traitements des fonctionnaires nommés par décret ;

« 3° Aux frais de la gendarmerie et de la police et à ceux de la justice ;

« 4° Aux frais de représentation du gouverneur, au loyer, à l'ameublement et à l'entretien de son hôtel, aux frais de son secrétariat et aux autres dépenses imposées par dispositions législatives.

« Mais, dans ces mêmes colonies, l'initiative des propositions de dépenses est réservée au gouverneur.

BIBLIOTHÈQUE NATIONALE R.F. IMPRIMÉS

« Dans les colonies d'Amérique et à la Réunion, la nomenclature et le maxi-
« mum des dépenses obligatoires sont fixés pour chaque colonie par décret en
« Conseil d'Etat.

« Dans la limite du maximum, le montant des dépenses obligatoires est fixé
« s'il y a lieu, par le Ministre des Colonies.

« Il n'est apporté aucune modification aux règles actuelles en ce qui concerne
« les dépenses facultatives.

« § 3. — Les Conseils généraux des colonies délibèrent sur le mode d'assiette,
« les tarifs et les règles de perception des contributions et taxes autres que les
« droits de douane, qui restent soumis aux dispositions de la loi du 11 janvier 1892.

« Ces délibérations ne seront applicables qu'après avoir été approuvées par
« des décrets en Conseil d'Etat.

« En cas de refus d'approbation par le Conseil d'Etat des tarifs ou taxes
« proposés par un Conseil général de colonie, celui-ci est appelé à en délibérer
« de nouveau.

« Jusqu'à l'approbation du Conseil d'Etat la perception se fait sur les bases
« anciennes. »

Ce que nous reprochons à cette loi comme au rapport de la Commission dressé par M. l'Inspecteur des Colonies Picquiée, qui n'a certainement pas traduit sa pensée personnelle dans le travail dont il est l'auteur, ce n'est pas en soi ce que l'on a prétendu vouloir imposer aux colonies : l'autonomie financière. L'autonomie financière, que nous demandons nous mêmes depuis de longues années, ne doit s'entendre que d'un système mettant à la charge des colonies toutes leurs dépenses, ce à quoi leur patriotisme, comme l'espérait le rapport, ne se serait pas refusé, mais à la condition expresse de leur laisser la libre disposition de leurs ressources et d'augmenter les droits de leurs assemblées locales proportionnellement à leurs nouvelles charges, c'est-à-dire à leurs nouveaux devoirs.

Mais, bien au contraire, ce n'est pas ce que fait la nouvelle loi. Ce que nous lui reprochons donc, c'est d'affaiblir le contrôle des Conseils généraux, en leur enlevant toute initiative, négative de ces droits dont un ancien sous-secrétaire d'Etat aux Colonies, M. Jamais, souvent cité, disait en février 1893 : « S'il fallait modifier les Sénatus-Consultes de 1854 et 1866, ce serait, non pas dans un sens restrictif et autoritaire, mais libéral et décentralisateur. »

On est donc fondé à dire que le Gouvernement en présentant cette loi, sinon le parlement en la votant, n'a fait qu'obéir à l'ambiance qui règne dès longtemps dans les sphères administratives. Brider le suffrage universel aux Colonies, cela est devenu maxime.

Il ne faut point perdre de vue en effet, sans que cela soit excuse pour l'heure actuelle, que, tout en cédant à l'opinion, et surtout depuis 1870, pour ne pas se mettre en contradiction avec les principes républicains, en créant de nouveaux Conseils généraux, l'Etat français a, de tout temps, manifesté une méfiance très marquée à l'égard des Assemblées Coloniales. Et depuis dix années notamment, l'administration Centrale des Colonies a été portée à restreindre leurs attributions essentielles, à la réduire, a-t-on dit au Sénat, à la portion congrue. Déjà la loi douanière du 11 février 1892 avait porté une grave atteinte à leurs pouvoirs. Et depuis, n'a-t-on pas vu un ministre des Colonies supprimer l'un de ces Conseils généraux, celui de Saint-Pierre-Miquelon. Personne n'ignore qu'il eût voulu réserver le même sort à certains autres, tels que ceux de la Guyane et du Sénégal. D'autres exemples d'atteinte aux libertés locales seraient faciles à citer. Il est vrai que cette violence aux droits publics ne craint pas de s'attaquer même parfois aux Chambres parlementaires.

Ne peut-on pas dire que c'est au même sentiment qu'on a obéi de propos délibéré lorsqu'on a demandé aux Chambres ce qui est devenu les dispositions de cet article 33 de la loi de finances du 13 avril 1900, qui enlève aux Conseils généraux ce qui leur restait des plus importants pouvoirs dont ils avaient toujours joui, même sous le régime autocratique de l'Empire.

N'importerait-il pas d'autant plus que l'administration Coloniale respectât maintenant ceux de ces pouvoirs auxquels cette loi n'a pas entendu toucher ?

Mais en sera-t-il ainsi ? Ne prétendra-elle pas, par exemple, qu'à l'avenir les Conseils généraux n'auront plus l'initiative, non seulement des dépenses obligatoires, mais même des dépenses facultatives ?

Sans doute, il faut bien reconnaître que certaine ambiguïté a présidé à la rédaction du § 2 de l'art. 33, voté sans discussion après l'amendement peu circonspect, pour ne pas dire imprudent, présenté par les députés de l'Inde et du Sénégal ; elle est bien faite pour induire en tentation, sinon l'administration centrale, du moins le zèle de celles locales, dont les meilleures peuvent être portées, en négligeant l'esprit des instructions, à en dépasser la lettre.

Si cette prétention venait à naître, elle ne serait, dans tous les cas, point soutenable de la part des gouverneurs des Colonies que la loi désigne dans cet article 33 sous la qualification de Colonies d'Amérique et de la Réunion.

C'est cependant ce qui est arrivé dans la dernière session du Conseil général de cette dernière colonie. Mais, en présence de la résistance de l'assemblée locale, M. le Gouverneur Beauchamp n'a pas persisté dans son opinion ; le conseil a présenté et voté les dépenses facultatives. Comment M. Beauchamp eut-il pu soutenir victorieusement sa thèse alors que le dernier alinéa du deuxième § du texte de la proposition du rapport Picquiée, qui a préparé le nouveau régime financier des Colonies, et le dernier alinéa du § 2 de l'art 33 de la loi de finance sont identiques et d'une précision mathématique (1).

A quelle Colonie s'appliquerait donc cette disposition si elle ne devait d'abord concerner les Colonies les moins atteintes par la loi nouvelle ?

Les Gouverneurs des autres Colonies, c'est-à-dire de celles qualifiées par le dit article de Colonies d'Océanie et des continents d'Afrique et d'Asie, seraient-ils mieux fondés à prétendre qu'à eux seuls, à l'exclusion des Conseils généraux, appartient à l'avenir l'initiative de toutes les propositions de dépenses, soit obligatoires, soit facultatives ?

Ces gouverneurs, pour soutenir cette thèse, s'appuieront peut-être sur le 8e alinéa du § 2 qui s'exprime ainsi : « Mais, dans ces mêmes colonies, l'initiative des propositions de dépenses est réservée au gouverneur. »

---

(1) Voir plus haut.

Et parce que cet alinéa ne fait pas de distinction entre les unes et les autres dépenses, en inféreront-ils qu'il les comprend toutes ?

Nous répondrions par une protestation contre une pareille prétention.

Dans tout ce qui précède cet alinéa, il n'est question que des dépenses obligatoires des colonies d'Océanie et des continents d'Afrique et d'Asie. Jusque-là, le législateur a seulement exposé l'objet exclusif des dépenses obligatoires : il avait alors à désigner, pour les dépenses obligatoires, comme il le dira plus loin pour celle du deuxième groupe des colonies, en appelant le Conseil d'Etat à en fixer la nomenclature et le maximum, — il avait alors à désigner l'autorité qui devrait décider, parmi les dépenses énumérées sous les 1°, 2°, 3° et 4° (obligatoires) permises aux colonies du premier groupe, celles qui devraient être choisies pour une colonie déterminée de ce groupe. Et c'est ainsi que, par la disposition qui nous occupe, il donne au gouverneur « l'initiative des propositions », des propositions des dépenses obligatoires et non des dépenses facultatives.

Notre opinion s'autorise en outre tout spécialement du dernier alinéa du § 2 que nous avons déjà spécialement cité : nous prétendons que la disposition de cet alinéa est une disposition qui s'applique à toutes les colonies dotées de Conseils généraux, sans distinction. C'est une mesure d'ordre général, caractérisée par la place qui lui a été donnée dans la loi.

Qu'on le remarque bien : elle vient immédiatement après une autre règle elle-même d'ordre général, celle qui permet au Ministre de fixer, s'il y a lieu, le montant des dépenses obligatoires dans la limite du maximum. Si la disposition que nous invoquons à l'appui de notre opinion eut été une mesure spéciale aux Conseils généraux des Colonies d'Amérique et de la Réunion, elle eut été placée dans la rédaction de l'article, non pas après, mais avant celle qui la précède.

Et si nous avions à discuter la cause pour laquelle la Guyane a été placée sur le même rang que les Antilles et la Réunion, nous pourrions demander où peuvent bien être les motifs qui ont laissé au Conseil général de la Guyane des pouvoirs qu'on entendrait enlever par exemple à celui du Sénégal ou à celui de l'Inde.

Ce n'est assurément pas pour raison d'ancienneté de l'un sur les autres, puisque, si ces deux derniers Conseils ont été créés par décrets du 4 février et du 25 février 1879, celui de la Guyane ne remonte qu'au 23 décembre précédent. Le motif ne serait pas plus plausible s'il fallait le voir dans ce que le Gouvernement d'alors a consenti au Conseil général de la Guyane les mêmes prérogatives douanières que celles qui profitent à ceux des Antilles et de la Réunion, tandis qu'il réduisait à de simples avis en cette matière les attributions des Conseils de l'Inde et du Sénégal, comme de ceux constitués plus tard : aujourd'hui tous les conseils généraux n'ont rien à s'envier à cet égard.

Ce serait donc sans droit qu'on entendrait dénier aux Conseils généraux du premier groupe le droit qui reste leur appartenir, comme à ceux du deuxième groupe, de proposer les dépenses facultatives (1).

---

(1) Un auteur, peu suspect de libéralisme pour les pouvoirs élus des Colonies, M. L. Vignon, dans son livre : *L'exploitation de notre empire Colonial*, p. 112 et s., professe bien à regret une opinion identique. Il dit : Ainsi donc, les Conseils Généraux conservent le droit, qu'ils tiennent du Sénatus-Consulte ou des décrets subséquents, de voter souverainement les « dépenses facultatives ».

Comme avant la loi, tous les Conseils généraux des Colonies restent suivant nous entièrement libres à l'égard de ces dépenses après qu'il a été pourvu aux dépenses obligatoires et dans les limites des ressources budgétaires.

Si nous nous reportons d'autre part aux Documents parlementaires, qu'y voyons-nous ? Des textes qui nous paraissent très susceptibles d'être invoqués à l'appui de notre interprétation.

C'est, d'abord, le texte de la proposition de la loi, tel que l'a libellé la commission dite des budgets locaux.

Elle était ainsi conçue, nous le répétons :

« Les dépenses inscrites aux budgets des Colonies pourvues de Conseils géné-« raux sont divisées en dépenses obligatoires et en dépenses facultatives.

« La nomenclature et le maximum des dépenses obligatoires sont fixés pour « chaque Colonie par décret en Conseil d'Etat.

« Le montant des dépenses obligatoires est fixé s'il y a lieu par l'administration.

« Il n'est pas dérogé aux règles actuelles en ce qui concerne les dépenses « facultatives. »

Ce sont, d'autre part, les termes du projet tel qu'il est venu devant la chambre des députés, à la séance du 13 mars 1900.

Le texte en est à peu près la même que celui de la commission ; les deux premiers alinéas sont identiques ; les deux derniers sont presque textuels ; ils disent :

« Dans la limite du maximum, le montant des dépenses obligatoires est fixé s'il « y a lieu par le ministre des Colonies.

« Il n'est apporté aucune modification aux règles actuelles en ce qui concerne « les dépenses facultatives. »

Jusque-là donc, aucun doute n'est possible ; les Conseils généraux doivent conserver le droit de proposer leurs dépenses facultatives.

Mais, lors de la discussion de la loi, intervient l'amendement du député du Sénégal et de celui de l'Inde : Ils proposent un nouveau libellé du § 2 de l'article ; c'est celui qui a été voté.

Certes, si l'on s'en tenait judaïquement aux explications par lesquelles M. d'Agoult a développé son amendement, les Conseils généraux d'Océanie et des continents d'Afrique et d'Asie devraient renoncer à toute initiative. En effet, M. d'Agoult, dans cette séance du 13 mars 1900, a dit : « Maintenant, en revanche » (en revanche de l'énonciation, à la loi, de la nature des dépenses obligatoires) « je crois que, pour faciliter aux Gouverneurs l'exercice de ce mandat si « délicat dans les pays un peu adolescents, il faut réserver aux *seuls Gouverneurs* « l'initiative *des propositions de dépenses* ». M. d'Agoult, très imprudemment, ne distingue pas.

Quoi qu'il en soit, nous croyons encore que la Chambre, en votant le texte aujourd'hui définitif, n'a pas cru qu'il s'agissait d'autre chose que du droit réservé au Gouverneur de proposer les dépenses *obligatoires*, que du choix à faire par lui parmi celles énoncées dans la loi comme pouvant exclusivement être faites avec ce caractère dans les colonies qui nous occupent.

Que voulait M. d'Agoult en formulant cet amendement, en objectant que « la « plus grande partie du budget des colonies ne comprend que des dépenses obli-

« gatoires »? Il voulait éviter aux colonies qu'on leur enlevât « tout contrôle de « ces dépenses », il voulait éviter que les colonies fussent « administrées direc- « tement de Paris. »

A-t-il donc pu oublier lui-même qu'en substituant le droit du gouverneur au droit que le projet laissait à l'administration, c'eût été lui conserver ce droit à elle-même ? Ce serait regrettable pour la sagacité du député.

Enfin, il n'est pas admissible que le gouvernement eut entendu abandonner l'esprit dans lequel a été conçue la réforme, par lui demandée, si expressément énoncée dans l'exposé des motifs de ce projet de loi portant fixation du budget général de l'exercice 1900, présenté par le Ministre des finances à la séance de la Chambre du 4 juillet 1899.

Après avoir parlé du principe, base du nouveau régime, le Ministre s'exprimait ainsi :

« Les deux paragraphes qui suivent ont pour objet de régler les détails de la « réforme. Pour que la bonne administration des colonies fut assurée, il était in- « dispensable de donner au Gouvernement le pouvoir d'inscrire au budget local les « nouvelles dépenses *obligatoires* mises à sa charge. Il convenait également de « laisser aux assemblées coloniales *la libre disposition de tous leurs revenus*, le « droit d'établir telles taxes qui paraîtraient convenables. »

Là encore, il n'est question que des dépenses obligatoires ; on entend respecter certaines franchises des colonies.

Que répondait donc, d'autre part, au député de la Guyane, M. le Ministre des Colonies, dans la séance du 11 décembre 1899, lors de la discussion générale du budget de 1900 ? Il a dit : « Seulement, les représentants des colonies sont tous « d'accord pour demander qu'au moment où on augmente d'une façon assez no- « tableles charges des Colonies, on ne restreigne pas les prérogatives et les droits « dont elles jouissaient sous la Monarchie et l'Empire. Certes, ils ont raison. « Mais il n'est pas question de limiter et de restreindre les droits des colonies. »

Bien que, malgré ces promesses, on ait été plus tard très loin dans la restriction, on peut peut-être encore s'en armer pour ne pas permettre de faire dire au texte légal ce qu'il ne dit pas.

On est donc fondé à croire que l'amendement voté par la Chambre n'a pas entendu enlever le droit de proposer les dépenses facultatives, pas plus aux Conseils généraux des colonies d'Océanie et des continents d'Afrique et d'Asie qu'à ceux des colonies d'Amérique et de la Réunion.

D. PENANT.
Directeur du Recueil général de Jurisprudence coloniale.

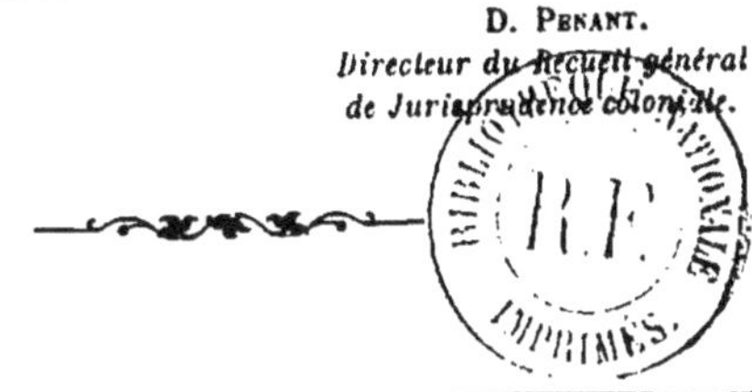
BIBLIOTHÈQUE NATIONALE R.F. IMPRIMÉS

Vannes. — Imprimerie LAFOLYE Frères.

DU MÊME AUTEUR

Les Concessions françaises en Annam et au Tonkin. Le Domaine colonial et la propriété privée. *(Communication faite au Congrès Colonial international en 1900.)*

Répertoire de droit colonial et maritime, comprenant les tables chronologiques et analytiques du Recueil général de Jurisprudence coloniale *(La Tribune des Colonies et des Protectorats.)*

www.ingramcontent.com/pod-product-compliance
Lightning Source LLC
LaVergne TN
LVHW020509230826
846091LV00008BA/3414

* 9 7 8 2 0 1 9 9 3 5 0 4 7 *